?1

2.-

D1755641

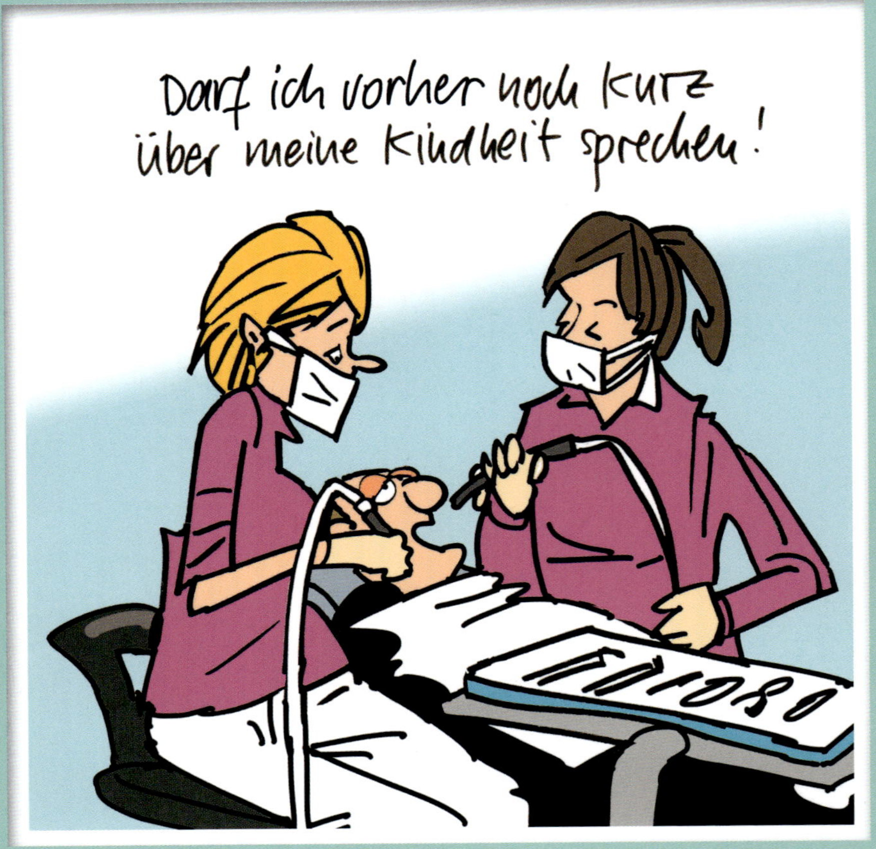
Darf ich vorher noch kurz über meine Kindheit sprechen!

Viel Spaß beim Zahnarzt!

Für:

Viel Spass!

Mal ehrlich, wovon lebt man heutzutage eigentlich als Zahnarzt?
Von der Hand im Mund.
BUTSCHKOW

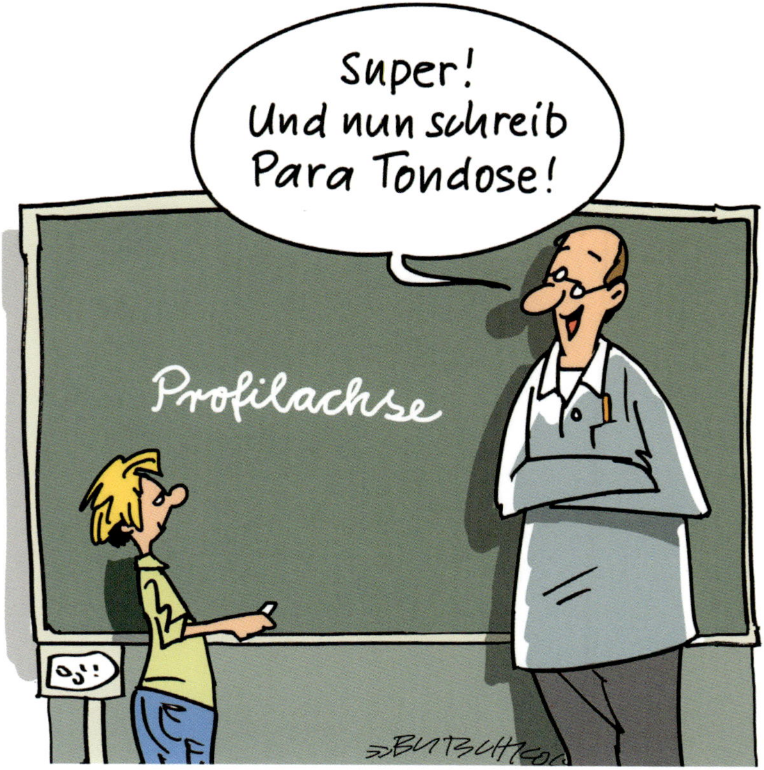
Super!
Und nun schreib
Para Tondose!
Profilachse

Der Zahnarzt ist bei jeder Ziehung der Gewinner!

Die Zahnarzttypen

DER ANGSTMACHER

Er rät dem Patienten dringend, alles neu machen zu lassen. Wenn nicht, prophezeit er Nacken-, Rücken-, Kopf- und Hüftschmerzen und komplett lockere Zähne.

DER BEHUTSAME

In seinen Augen sieht doch alles noch ganz gut aus. Hier und da könnte man vielleicht noch mal eine neue Füllung oder eine Krone machen. Lassen Sie sich mal wieder sehen.

DER ANGEBER

Er hat ein ausgeprägtes Standesbewusstsein und stört permanent bei Fortbildungen durch Fragen, die nur seiner gespreizten Selbstdarstellung dienlich sind. Mit der Aushändigung des Zertifikates verschwindet er. Meistens im Porsche.

DER WÜHLER

Er rödelt emsig wie ein Hamster im Laufrad, am liebsten an mehreren Stühlen. Zwischendurch geht er immer wieder an den Computer und lässt sich die Umsatzzahlen ausdrucken. Zu Hause liest er statt Fachlektüre lieber von Investitionsmodellen.

DER ALTERNATIVE

Er sieht den Patienten ganzheitlich, arbeitet mit Hypnose und Akupunktur – und einem Heilpraktiker zusammen. Er entsorgt lustvoll Amalgamfüllungen und trägt Sandalen. Im Wartezimmer hängen chinesische Landschaftsbilder.

DER SOLIDE

Er fühlt sich eher als Handwerker, weniger als Wissenschaftler. Er macht präzise seine Arbeit und freut sich, dass er dabei immer wieder neue Menschen kennenlernt. Sein höchstes Glück ist das Wort: „Passt!"

DER ZAUBERER

Er hat eine magische Wirkung auf Patienten, betäubt sie allein mit seiner Ausstrahlung. Schwierige Patienten werden wie Marshmallows in seinen Händen. Sein Behandlungsstuhl wird zur Kuscheldecke. Er ist einfach berufen.

DER WISSENSCHAFTLER

Er hat höchstes fachliches und technisches Wissen, fehlt bei keiner Fortbildung, ist voll auf der Höhe der zahnmedizinischen Entwicklung und behandelt intensiv und zeitaufwendig. Der Patient selbst bleibt ihm dabei merkwürdig fremd.

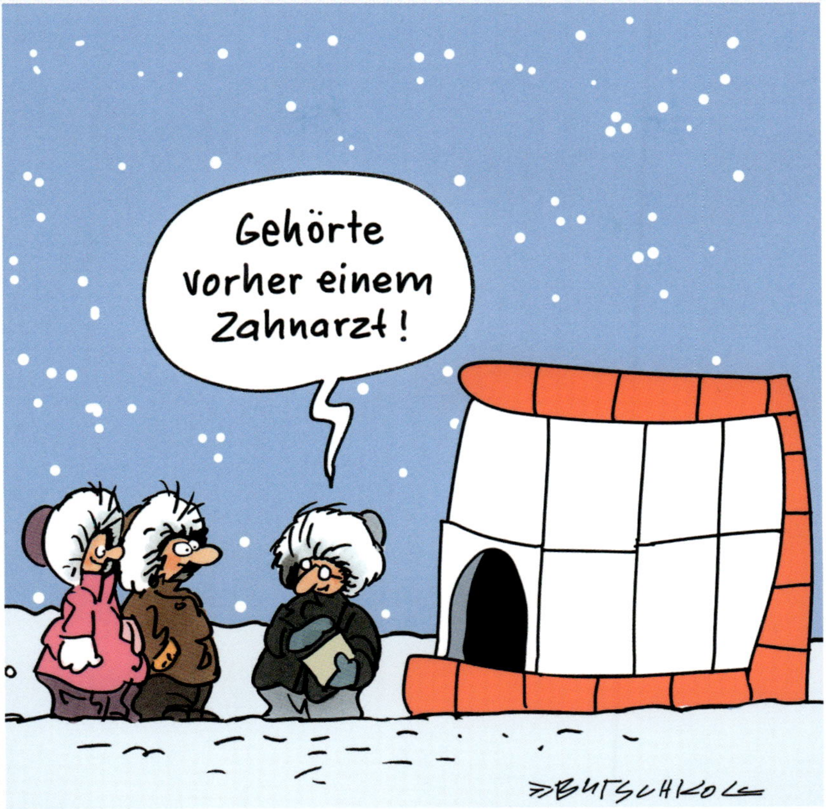
Gehörte vorher einem Zahnarzt!
BUTSCHKOW

Zahnarzt-Stühle
Teil I

MODELL BLUMENBEET
Frauen-Flower mit Duftpower!

MODELL HOMEO DENTALIUS
Eine visuelle Gleichung zweier Berufe!

MODELL ARI SAFARI
... und Ihr Patient wird Sie nicht mehr als bedrohend empfinden!

MODELL SIEBENSCHLÄFER
Mit hervorragenden Narkoseeigenschaften!

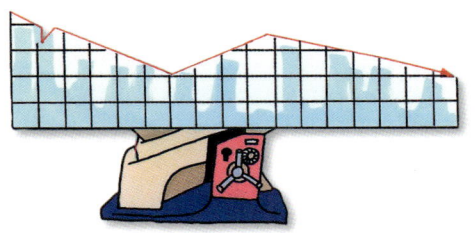

MODELL DENTA DAX
*Die Liegefläche gestaltet sich
proportional zum Schmerzpegel
Ihrer Behandlung!*

**MODELL
SCHUMI JUNIOR**
*So wird der Zahnarztbesuch
zum Boxenstopp*

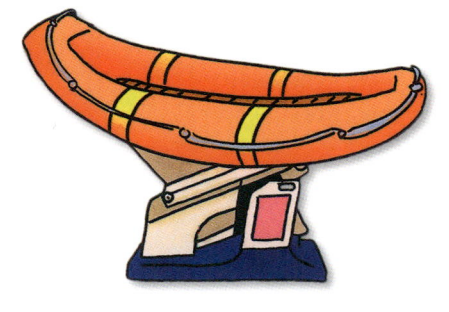

MODELL RAFTING
*Ein Erlebnis der besonderen Art!
(Besonders beliebt bei
Latexfetischisten)*

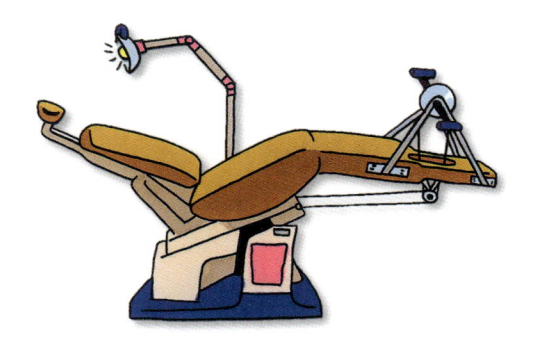

MODELL TOUR DE FRANCE
Dopingmittel im Lieferumfang enthalten!

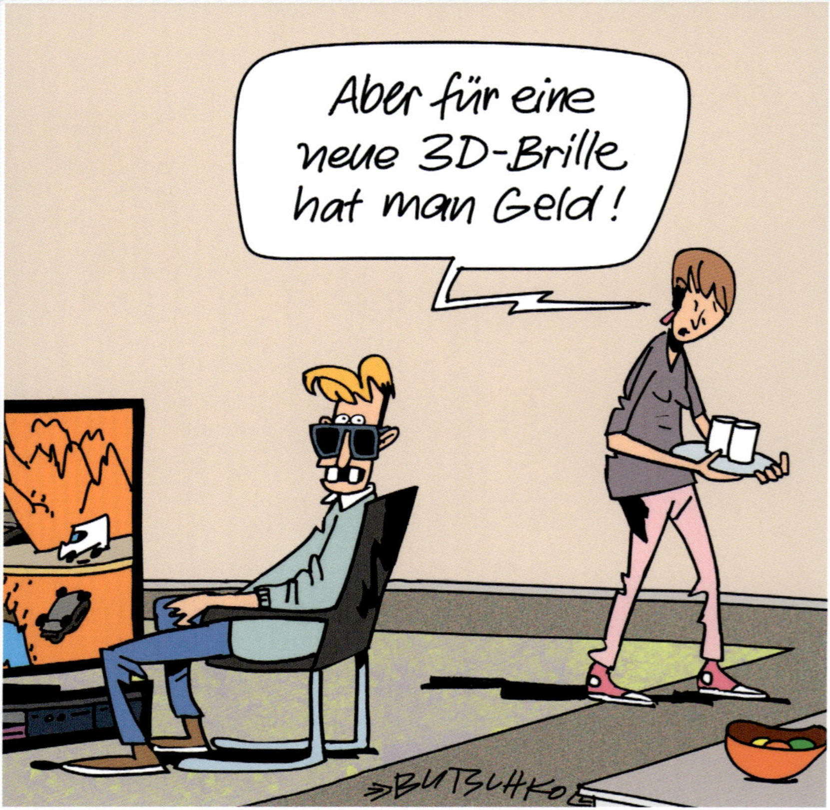
Aber für eine neue 3D-Brille hat man Geld!
BUTSCHKOE

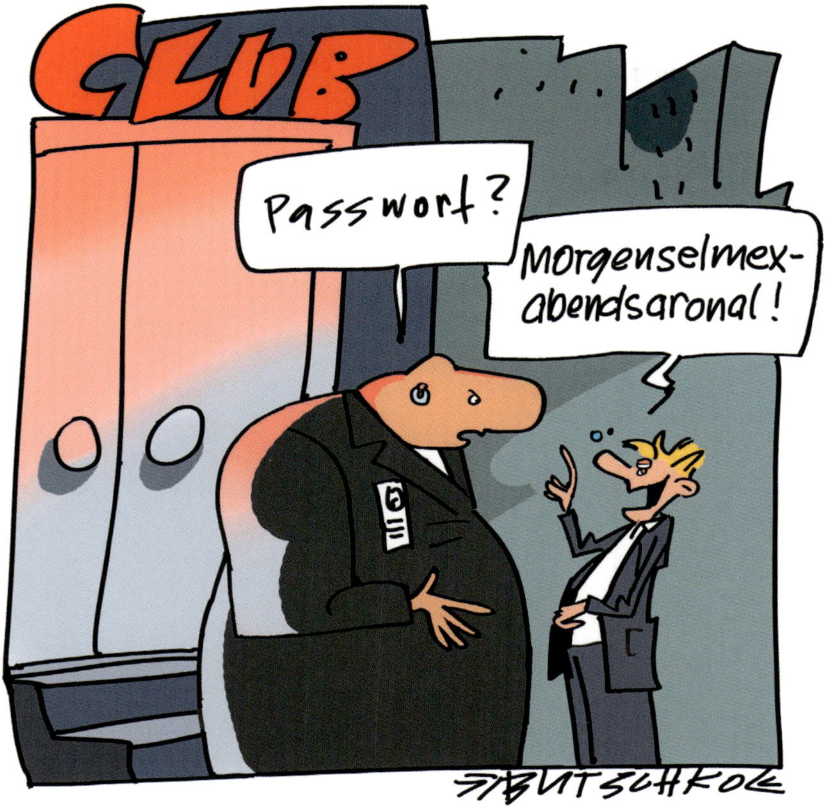
CLUB
Passwort?
Morgenselmex-
abendsaronal!
BUTSCHKOW

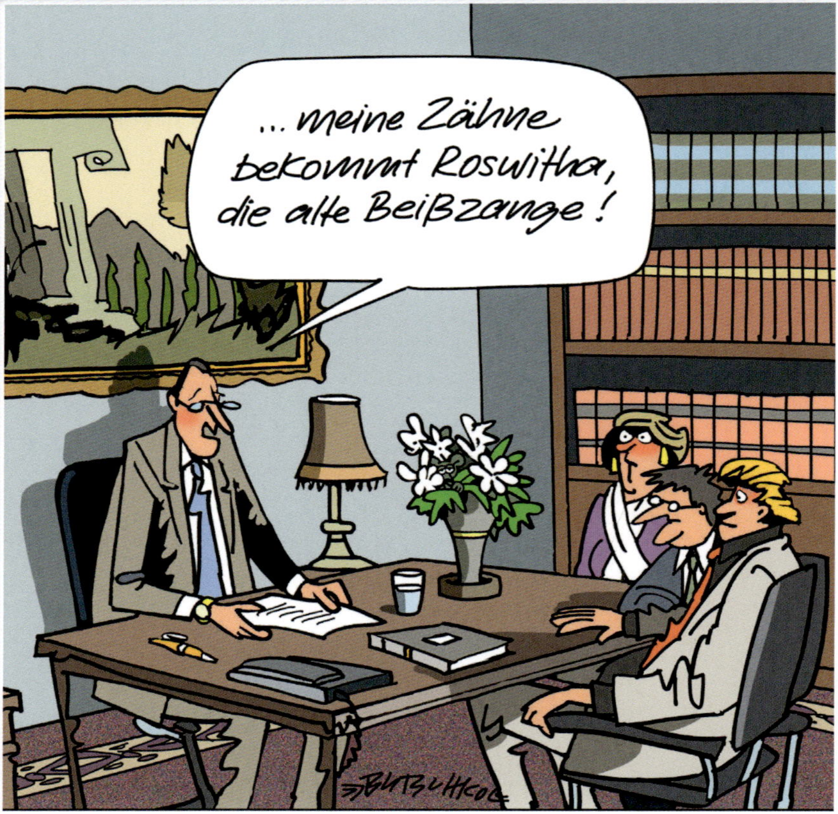
...meine Zähne bekommt Roswitha, die alte Beißzange!

Fachbegriffe, kurz erklärt

AMALGAM, das. Traditionelles und kostengünstigstes Füllmaterial. Wegen seines Quecksilberanteils in letzter Zeit u. a. ursächlich für Kopfschmerzen, Leistungsschwäche, Spielschulden, Potenzstörungen, Arbeitslosigkeit, Flugangst und Schlafstörungen verantwortlich. Vermögende Patienten bevorzugen Gold.

HELFERIN, die. Neuerdings ZMF oder ZFA oder ZMV. Morgen sicher „Tooth-Health-Assistent". Hochqualifizierte Fachkraft, ohne die der Zahnarzt auf dem Zahnfleisch gehen würde. Die Helferin hat sechs Hände, mit denen sie geschickt diverse Tätigkeiten gleichzeitig ausführt. Ganz nebenbei leistet sie noch psychologische Hilfe am Patienten und weist den Zahnarzt behutsam auf seine Fehler hin.

KARIES, die. Bakterieller Zerstörungsprozess durch mangelnde Zahnpflege. Arbeitgeber und beste Freundin der Zahnärzte zugleich. Bester Freund der Karies ist der Zucker. Bester Freund des Zuckers ist die Süßwarenindustrie, und deren beste Freunde sind unsere Kinder. Und der beste Freund des Kindes ist der Zahnarzt. So schließt sich dann der Kreis.

PRIVATPATIENT, der. Patient, der zum Freundeskreis der Zahnärztin/des Zahnarztes gehört und daraus das naturgegebene Privileg ableitet, durchweg bevorzugt behandelt zu werden. Der Privatpatient kommt, bleibt und zahlt, wann er will. Ergänzende Fragen und Klagen zu seiner Zahnbehandlung setzt er nach Feierabend mit privaten Anrufen fort.

SCHMERZPATIENT, der. Patient, der immer erst zum Zahnarzt geht, wenn es wehtut, immer dann, wenn die Praxis extrem voll ist, und der damit sein heimliches Ziel erreicht, nämlich vorrangig behandelt zu werden. Dabei nutzt er die Gelegenheit, gleich all seine anderen Zähne mitbehandeln zu lassen. Inzwischen stauen sich die anderen Patienten im Wartezimmer, die sich schon sechs Wochen vorher angemeldet haben, und formulieren grollend ihre Klagen gegen die desolate Zeitplanung der Praxisführung.

WARTEZIMMER, das. Gemütlicher Aufenthaltsraum in beruhigenden Farbtönen, mit üppigem Zeitungsangebot und dekorativer Bepflanzung. Schleuse zum Behandlungszimmer. Diskussionsforum über verfehlte Diagnosen und missglückte Gesundheitsreformen. Regelmäßig werden Patienten aus dem Wartezimmer zur Behandlung gerufen, wobei sich generell mindestens ein übrig gebliebener Patient zurückgesetzt fühlt.

ZAHNÄRZTIN, die. Weibliche Akademikerin mit zahnmedizinischem Studium. Viele männliche Patienten bevorzugen eine Zahnärztin, weil sie sich bei ihr liebevoller behandelt fühlen. Unterschwellig spielen hier auch ödipale Beweggründe eine Rolle. Scheinheilige Dankbarkeitsgesten in Form von Blumensträußen oder Essenseinladungen sind rein private Investitionen und werden nicht von den Kassen anerkannt.

ZAHNSEIDE, die. Stabiler, aufgerollter Kunststofffaden zum Reinigen der Zahnzwischenräume. Eignet sich hervorragend zur Anwendung auf Reisen oder im Speiserestaurant, also überall dort, wo es befremdlich wirken würde, wenn man seine Zahnbürste rausholt. Im Notfall auch als Tanga, Angelleine, Stolperleine oder um Rouladen zu umwickeln.

ZAHNTECHNIK, die. Zahntechnikerin oder Zahntechniker sind die Modellbauer der Gebisse. Von ihrem Können hängt es ab, ob die neuen Beißer sich harmonisch in das Gesicht einfügen und ob der Patient zukünftig mit einem Sprachfehler leben muss. Wenn etwas schiefgeht, schieben sich Zahnarzt und Zahntechniker grundsätzlich gegenseitig die Schuld zu.

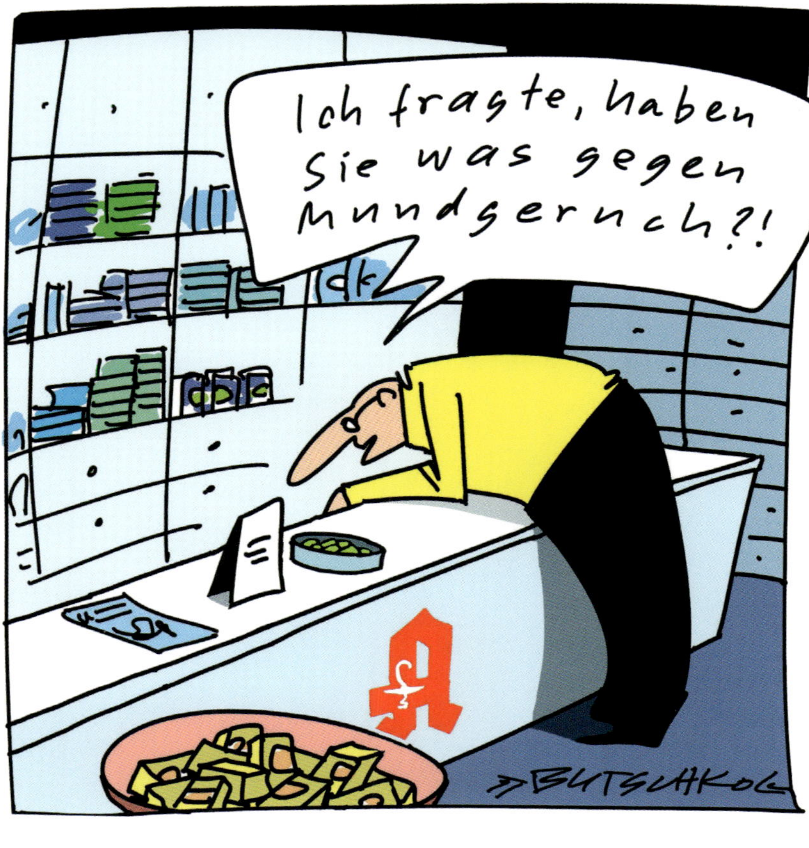
Ich fragte, haben Sie was gegen Mundgeruch?!
BUTSCHKOW

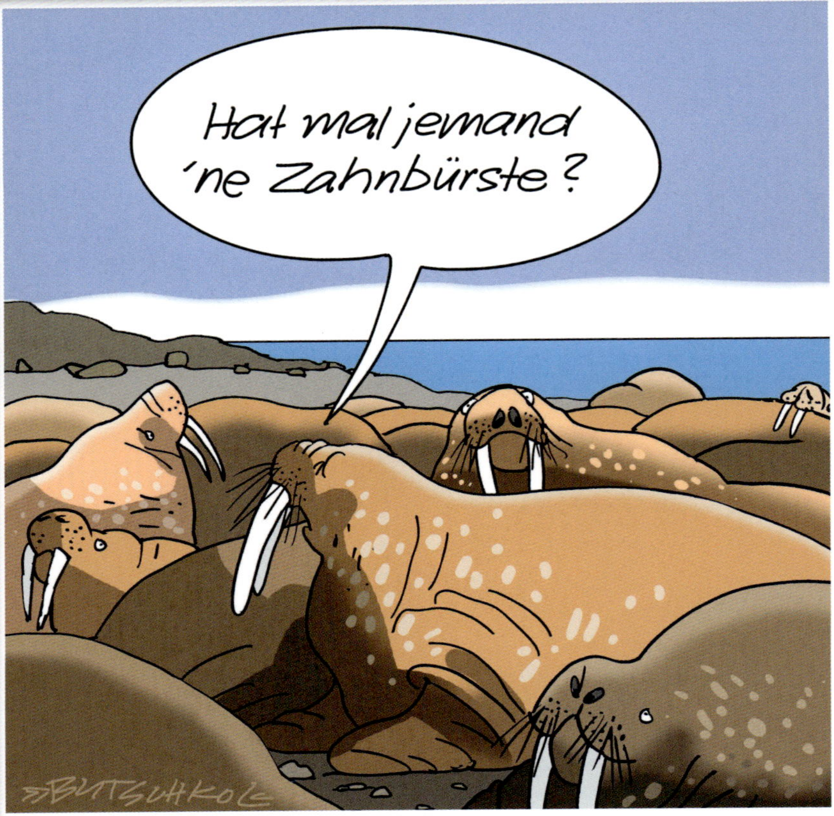
Hat mal jemand 'ne Zahnbürste?
BUTSCHKOW

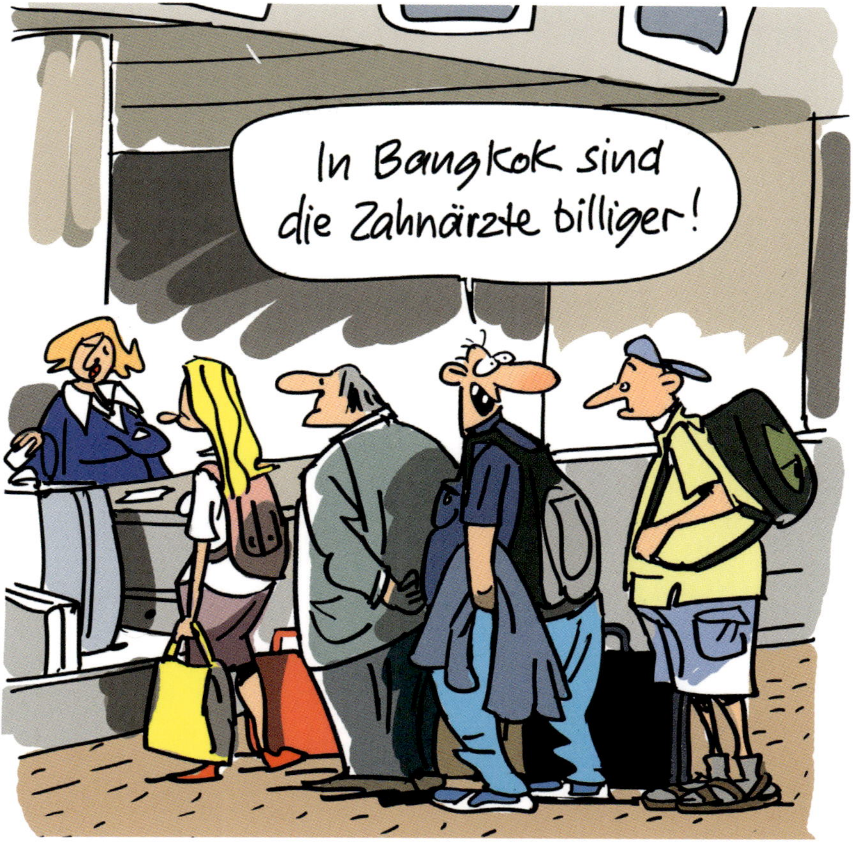
In Bangkok sind die Zahnärzte billiger!

So also war es

Wir schreiben das Jahr 0000. Abschlussbesprechung im Projektbüro. Es geht um die Optimierung der menschlichen Kreation.

Anwesend sind:

Supervisor **Li B. Gott**

Chefdesigner **B. Ody**

Chef-Konstrukteur **T. Bone**

Li B. Gott: „Noch Fragen?"

T. Bone: „Da wäre die Sache mit der Energie."

Li B. Gott: „Wie meinen?"

T. Bone: „Das Objekt muss doch Nahrung zu sich nehmen?"

B. Ody: „Mal Augen aufmachen? Dafür sind doch die beiden Greifvorrichtungen, die sogenannten Arme, rechts und links."

T. Bone: „Und weiter? Es greift sich das Futter, okay, aber was nun? Wohin damit? Mal ist es hart, mal ist es weich, ich sage ja nur."

Li B. Gott: „Mal flüssig ... à propos ... Kaffee!"

(Tschi Bo, die Assistentin, kommt mit einer Karaffe Kaffee herein.)

B. Ody: „Dafür ist doch die Luke oben gedacht, die Futterluke."

Li B. Gott: „Und wer zerkleinert das Futter? Ich frag ja nur."

T. Bone: „Ich stelle mir folgende Szene vor ..."

Li B. Gott: „Szene? Warum nicht. Nennen wir sie Szene. Aber nicht, mein lieber Bone, dass Sie das wieder falsch schreiben!"

T. Bone: „Schon klar, Cheffe. À propos, wie soll unser Objekt eigentlich heißen?"

Li B. Gott: „Menschenskind, nu macht mal!"

Wie meinten Sie, den Zahnärzten geht es lange nicht mehr so gut wie früher?
BURSCHKOL

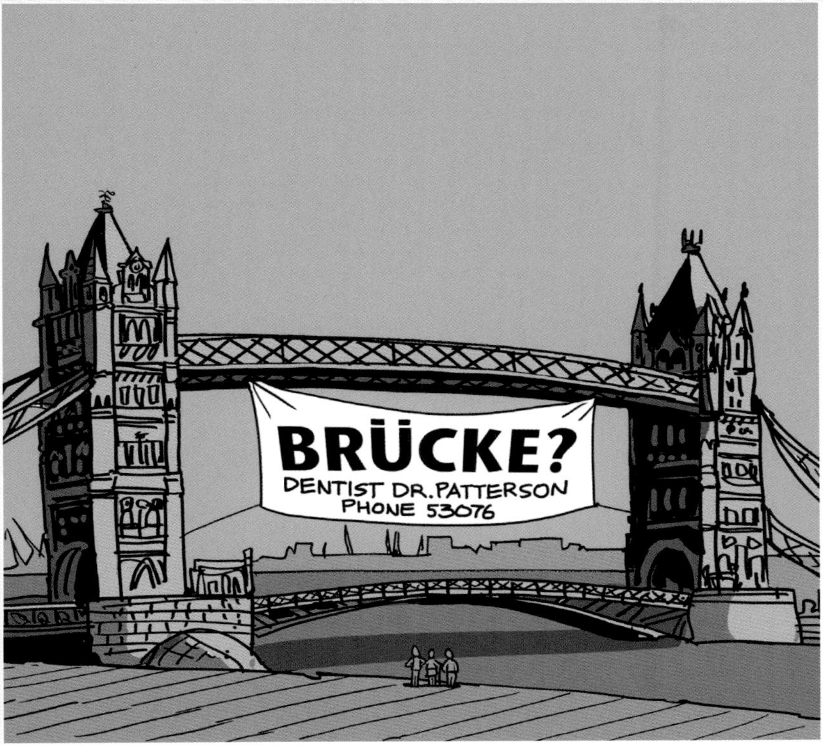
BRÜCKE?
DENTIST DR.PATTERSON
PHONE 53076

Kannst du mal lachen? Mein Papa sagt immer, du hättest Haare auf den Zähnen!
BUTSCHKOW

Aus der Praxis

ORIGINAL-DIALOG IN EINER ZAHNARZTPRAXIS

Zahnarzthelferin über Terminkalender gebeugt: „So, Herr Keutner (Name geändert), dann wollen wir mal einen neuen Termin machen. Wie wär's denn am 22.3., vormittags?"

Patient: „Auf keinen Fall! Da bin ich nicht zu Hause."

„Nachmittags?"

„Ich bin den ganzen Tag unterwegs!"

„Kein Problem. Äääh, wie wär's denn Mittwoch, den 24.?"

„Ausgeschlossen, da habe ich schon was vor."

„Montag, den 29.?"

„Oh nein, geht ganz und gar nicht. Wichtige Termine."

„Na, dann wollen wir mal schauen ... Donnerstag drauf? Das wäre der Erste?! Nachmittags?"

„Völlig unmöglich, bin ich durchweg beschäftigt."

„Der Freitag? Sagen wir Freitag?"

„Um Gottes willen, geht gar nicht."

„Mann, Herr Keutner, ein viel beschäftigter Mann! Was machen Sie eigentlich beruflich?"

„Beschäftigt? Ich bin Rentner!"

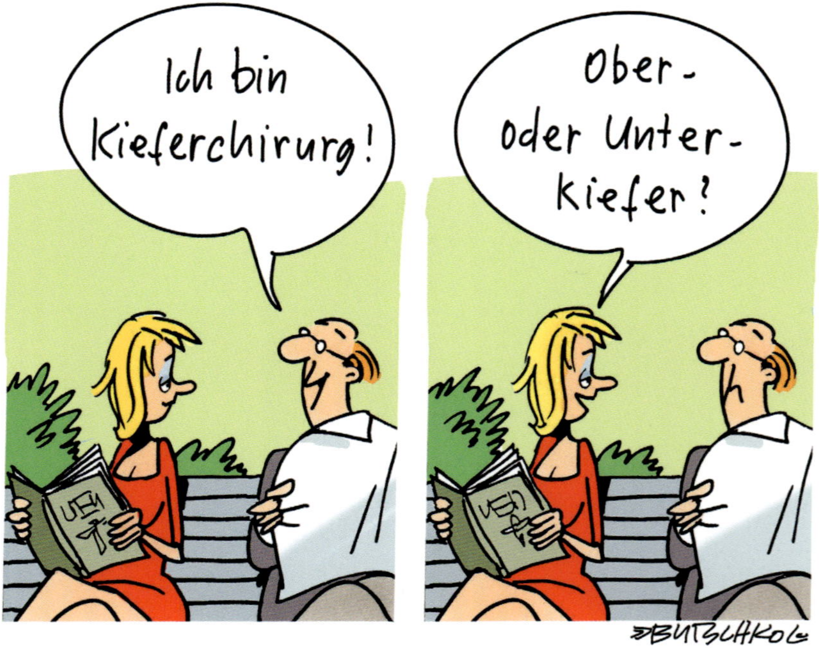
Ich bin Kieferchirurg!
Ober- oder Unterkiefer?
BUTSCHKOW

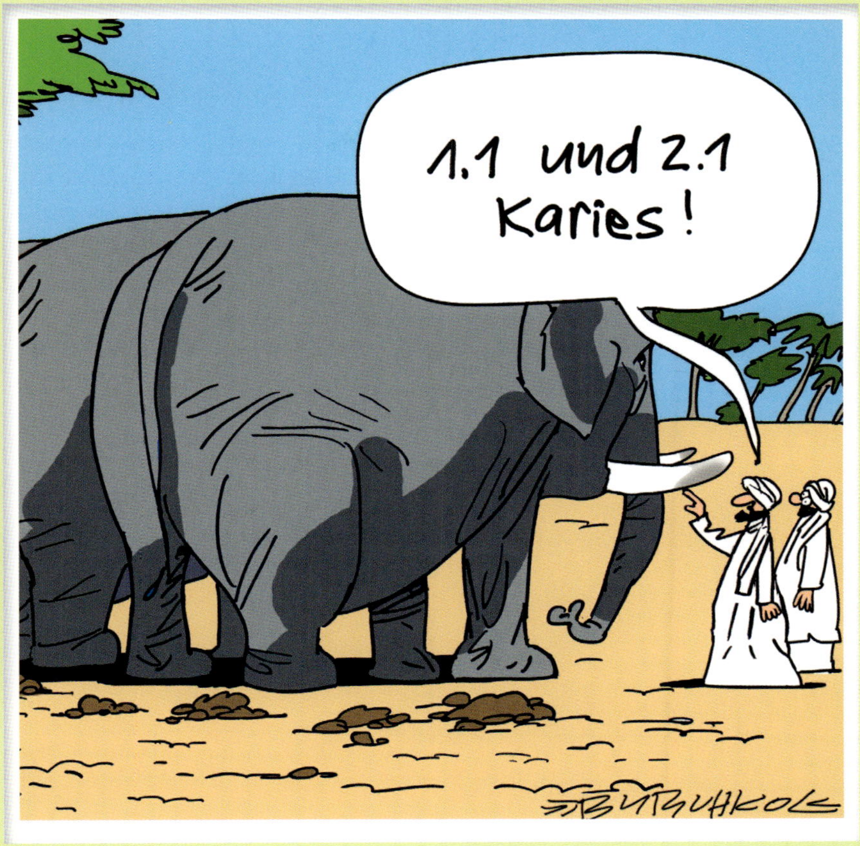
1.1 und 2.1 Karies !

HUMOR IM PRAXISALLTAG

Der Zahnarzt ist von den Socken: „Du liebe Güte! In meinem ganzen Leben habe ich noch nie ein so großes Loch gesehen … Loch gesehen …"
Patient: „Schon gut! Aber das brauchen Sie doch nicht zweimal zu sagen!"
Zahnarzt: „Zweimal? Das war nur das Echo!"

Meint der Zahnarzt zu einem Patienten: „So weit brauchen Sie den Mund aber nicht aufzureißen!"
„Aber ich denke, Sie brauchen jede Menge Platz für Ihre Instrumente?!"
„Schon, schon! Aber ich persönlich bleibe ja draußen!"

Der Zahnarzt hat eine Autopanne. Er holt sein Werkzeug, macht die Kühlerhaube auf, greift nach der Zange und murmelt: „Jetzt wird es ein bisschen wehtun!"

BEIM ZAHNARZT.
„SO, FRITZCHEN, JETZT MACH MAL SCHÖN ‚AAAA'!, DAMIT DER ONKEL DOKTOR SEINEN FINGER WIEDER AUS DEINEM MUND BEKOMMT!!!"

Sagt ein alter Mann zum anderen:
„Respekt, ihre Zähne möchte ich haben!"
„Na gut, aber zum Essen brauche ich sie wieder."

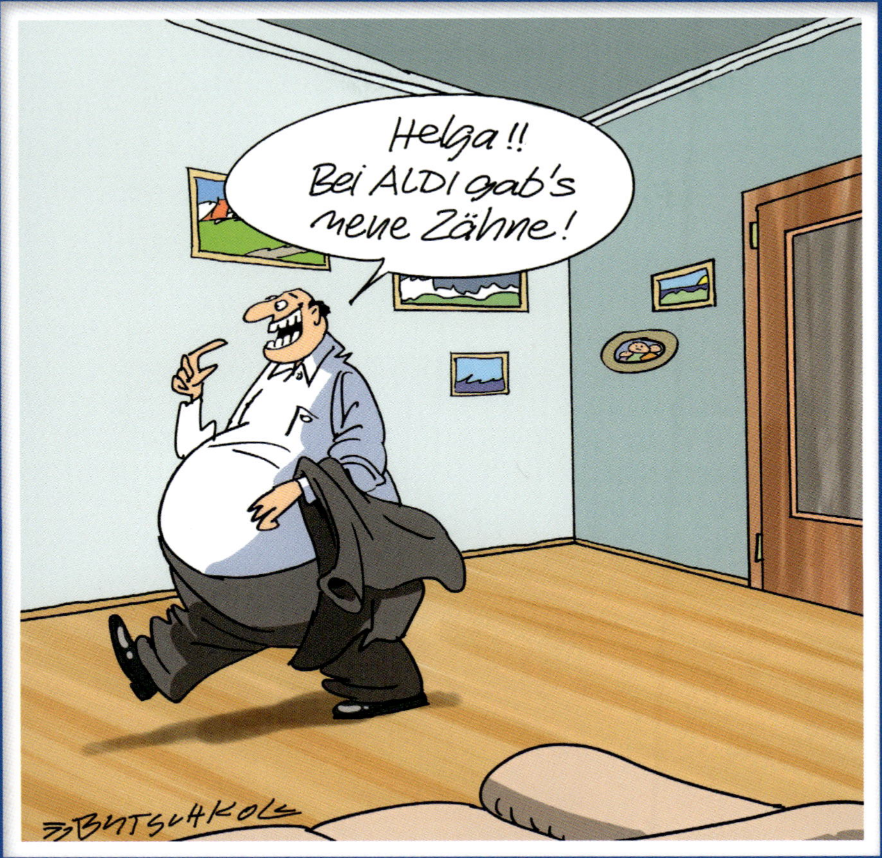
Helga!! Bei ALDI gab's neue Zähne!
BUTSCHKOW

Die Bürsten-Typen

Der Geizige

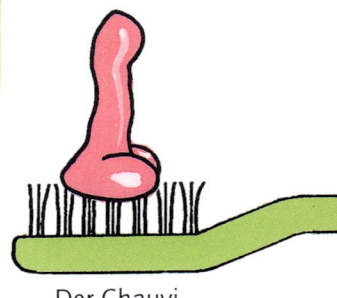

Der Chauvi

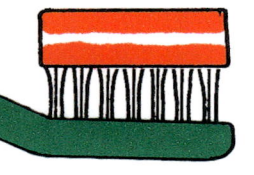

Der Korrekte

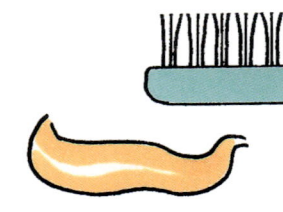

Der Zerstreute

Der Nervöse

Der Maurer

Der Verschwender

Der Elegante

Der Künstler

Der Buddhist

Der Hundebesitzer

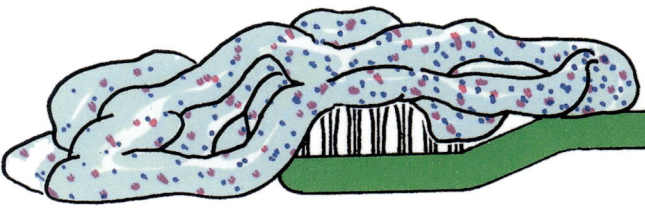

Der Schreckhafte

Der Enthaltsame

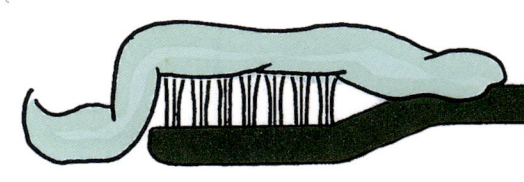

Der Schlampige

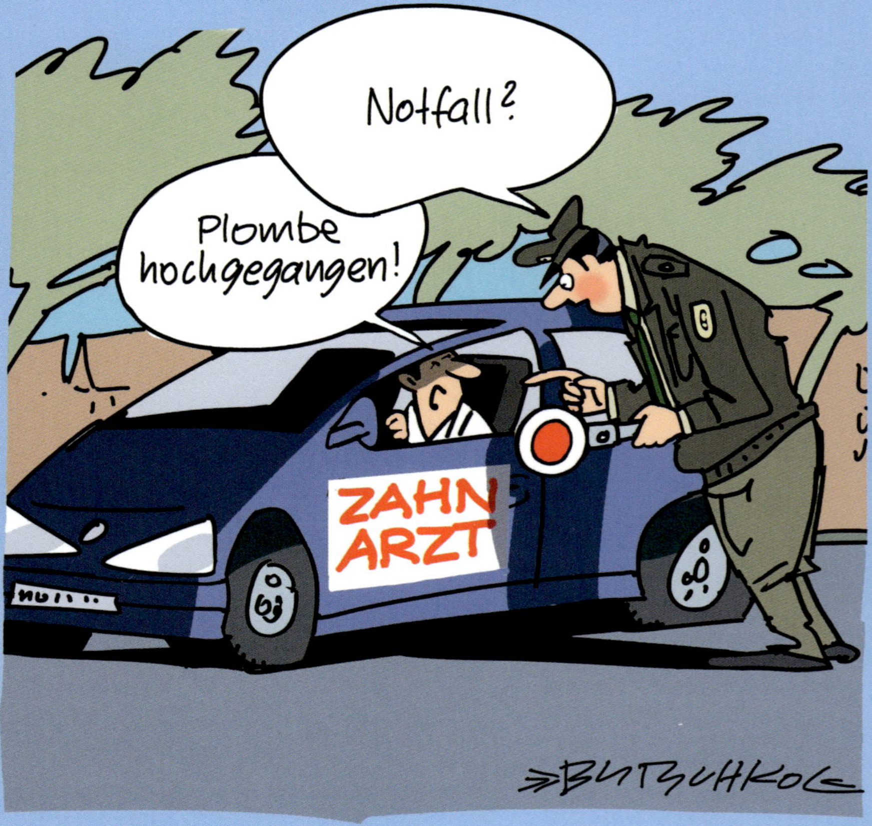
Notfall?
Plombe hochgegangen!
ZAHN ARZT

Werbung für Zahnärzte?

TÄGLICH WERDEN WIR MIT WERBUNG ÜBERSCHÜTTET, aus dem morgendlichen Radio sprudelt schon das kühle Bier ins Glas, drängt die spottbillige Brille auf unsere Nase, rollt das neue Automodell in unsere Garage und schmiert die cholesterinarme Margarine auf unsere Brote.

Werbung drängt sich so verführerisch in unser Leben, dass wir innerlich manchmal schon Produkte besitzen, die wir noch gar nicht bezahlt haben. In den Briefkästen künden Glückspiele von unserem zukünftigen Reichtum, bei Aldi, so lesen wir mit Entzücken, gibt's ab nächsten Mittwoch ein Sonderangebot Wohnwagen, und sogar der örtliche Biobauer preist auf einem heufarbenen Handzettel Appel und Ei.

Selbst am Feierabend bleibt man nicht verschont, im Gegenteil. Im Fernsehen werfen sie einem in gnadenloser Regelmäßigkeit die Werbespots ins Gesicht, am liebsten dann, wenn man grade mit einer ungeheuer spannenden oder sinnlichen Szene restlos verschmolzen ist. Wie eine Keule trifft einen in solchen Momenten dieser Weltensprung. Wo eben noch heiße Lippen, ist plötzlich heiße Suppe. Schock!

Wer aber hat schon mal Werbung von Zahnärzten gesehen? Keiner. Außer einem Auftritt im Internet dürfen Zahnärzte nämlich öffentlich keine Werbung machen. Nur nüchterne Aufkleber auf Autos, z. B. „Zahnarzt unterwegs" werden toleriert, allerhöchstens noch der Hinweis „Letzter Zahnarzt vor der Autobahn" ist erlaubt, mehr nicht.

Das wird eines Tages anders kommen, ganz gewiss!

Wie das vielleicht aussehen mag, sehen wir auf den folgenden Seiten.

> Einfach wohlfühlen.
> Im Easy Chair.
> Träumen und
> verwöhnt werden.
> Mund auf, Augen zu.
> Alles andere
> machen wir.
> **Zahnärzte.**

CHARMANTE KÖNNER ERWARTEN DICH!

Das wäre die Aussage dieser möglichen Image-Kampagne der Zahnärzteschaft. Sie arbeitet mit Wohlbefinden und Vertrauen, spricht geschickt die Angsthasen an, ohne sie zu erwähnen. Soll heißen, beim Zahnarzt kannst du dich auch ohne Fallschirm fallen lassen. Das haben sich die schlauen Werber doch von den Luftfahrtgesellschaften abgeschaut?

Unser Urteil: Sehr schön geklaut.

SCHÖNHEIT, MAKELLOSIGKEIT UND SELBSTVERTRAUEN.

All das impliziert diese Werbung. Identifikation ist das Ziel. Ja, solche Zähne will der Betrachter auch, und lachen will er, und einen schönen Tag haben will er. Einfach ein schöneres Leben, dank schöner Zähne. Genau darum geht es doch. Schön, wenn Werbung so auf den Punkt kommt und negative Inhalte negiert. Bei den politischen Parteien stünde unter diesem Bild natürlich garantiert: „Sie hat einen Arbeitsplatz!!"

Unser Urteil: Kann man machen.

> **Sie lacht wieder!**
> **Schönen Tag noch!**
>
> Wünscht Ihnen Dr. Pulpa, Ihr Zahnarzt

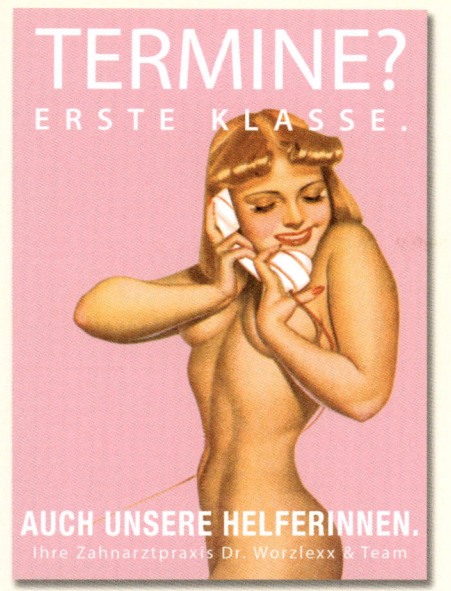

OHA! MUTIG, MUTIG, MAL GANZ ANDERS.

Warum nicht? Mal den erotischen Aspekt in den Vordergrund stellen, weniger die kranken Zähne, mehr das gut gebaute Personal. Das kommt an, ganz gewiss beim jungen, männlichen Patienten, der ja hiermit eindeutig angesprochen werden soll. Und Erotik ist doch wohl unstrittig das süßeste Betäubungsmittel.

Unser Urteil: Frech, aber auch strikt mannfixiert.

TERMINE? ERSTE KLASSE.
AUCH UNSERE HELFERINNEN.
Ihre Zahnarztpraxis Dr. Worzlexx & Team

SCHOCK! AGGRESSIV UND DIREKT. KEIN DRUMHERUMGEREDE.

In fetter Wahlplakat-Typografie, feste rein in die Schmerzzone. Mit dem Risiko, dass die eine Hälfte Patienten noch weniger bereit ist, zum Zahnarzt zu gehen, und die andere Hälfte panikartig die Praxen stürmt. Und genau das wollen die Macher dieses Plakates erreichen. Aktivierung gehemmter Zielgruppen, nennt man so was.

Unser Urteil: Jawoll!

HALLO! DU DA! DU MIT DEN SCHLECHTEN ZÄHNEN! JA DU DA!
WIR ZAHNÄRZTE ERWARTEN DICH.

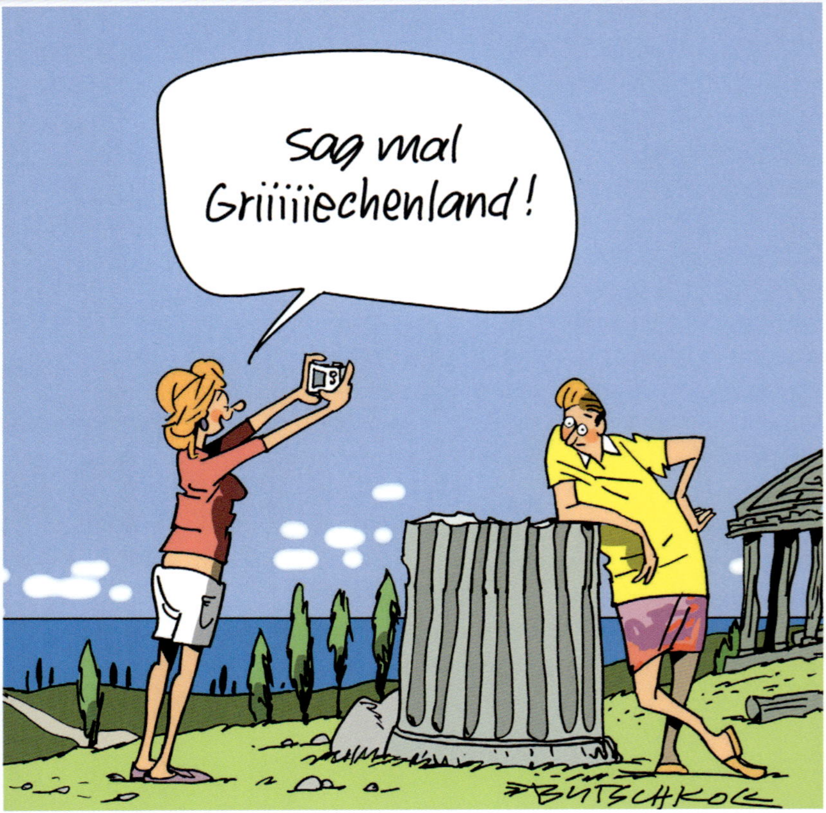
sag mal Griiiiiechenland!
BUTSCHKOW

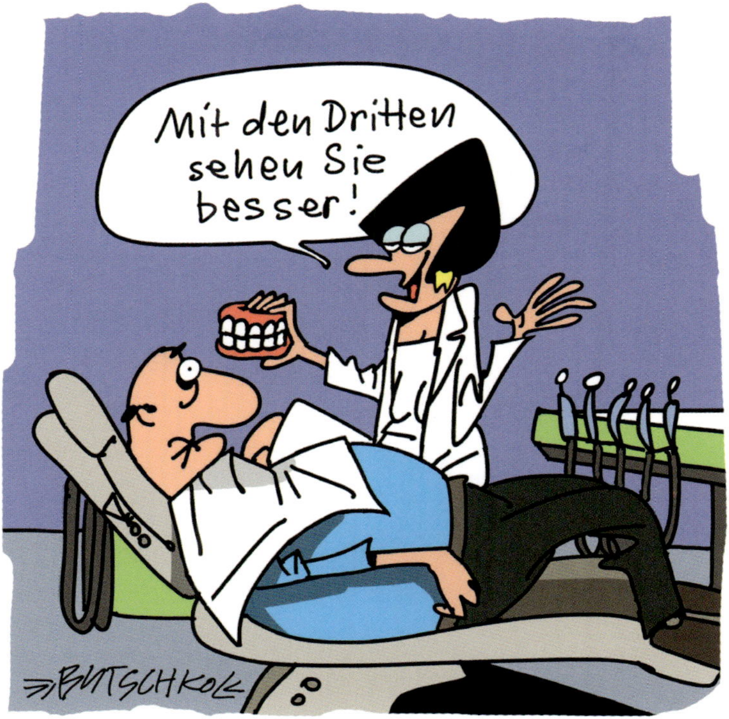
Mit den Dritten sehen Sie besser!
BUTSCHKOW

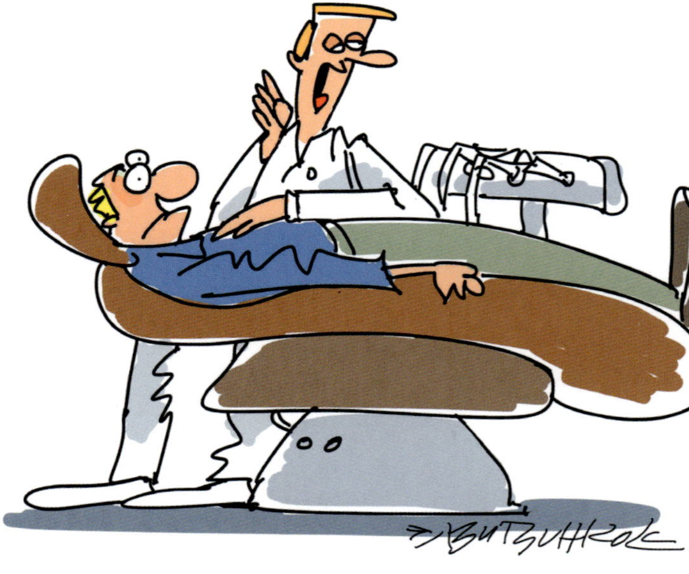

Den 14er-Schlüssel, bitte!

Die Zähne der Zeit

KLASSISCHE AUSSPRÜCHE UND IHRE HEUTIGE BEDEUTUNG

Zähne zusammenbeißen. Überliefert wurde dieser Satz vom Historienschreiber Magnus vom Federkiel im Jahre 842 nach Christi, und zwar in seinem „Zaitenspigel der dehrben Wüthe" aus Anlass der gigantischen Verköstigung von Grömitz, als sich alljährlich die „fettesten Wanste obseits der großen Elbauen" trafen, um sich im Wettfressen zu messen. Gemeint war ursprünglich das gemeinsame „zusammen beißen", im Biss der Jahre dann zerkaute sich der Sinn dieser Worte fälschlicherweise zu der Bedeutung, dass man mit zusammengebissenen Zähnen besser durchhält. Kieferchirurgen sehen das anders.

Haare auf den Zähnen haben. Es war Graf Dentula, so die Sage, ein nomadischer Zahnarzt aristokratischer Herkunft, der vor hunderten von Jahren in Transsilvanien mit seiner mobilen Praxis durch die Lande rumpelte und bei der Behandlung am Hofe von Drunkenbold dem Kariösen zur First Lady gesagt haben soll: „Ei der Daus, Madame trägt Haare auf den Beißern?" Später, als der Graf ob dieser fatalen Bemerkung längst vorm johlenden Hofstaat geachtelt worden war, stellte sich seine Unschuld heraus. So also wurde Dentulas Neigung zu Wein in vollen Krügen letztlich sein Schicksal, denn er hatte in diesem Zustand nicht erkannt, dass nicht die Lady auf seinem Stuhl saß, sondern des Königs Steuereintreiber Fiskus von Debit, dessen wuchernder Bart seine Frontzähne überlappte. Seitdem herrscht in Deutschlands Zahnarztpraxen Alkoholverbot.

Zahn der Zeit. Eine Metapher, die besagen soll, dass der Zahn mit der Zeit an der Zeit nagt und sie dadurch mürber und poröser wird. Im Alltag hört man diesen Satz z. B. oft, wenn sich alte Freunde nach langen Jahren wiedersehen und synchron aufschreien: „Oha, an dir hat ja auch der Zahn der Zeit genagt!" Die Wahrheit über den Ursprung dieser drei Worte sieht jedoch völlig anders aus. „Tsaan", so nannten die burischen Ackerhuren einst ihre Freier. Und klopften mal ungebetene Gäste an die Scheunenpforte, so antworteten sie: „Tsaan zoo Zeit!" Sollte heißen: Besetzt! Mann im Heu! Auf welchen verschlungenen Wegen sich der Sinn dieser Worte im Laufe der Zeit so banal verwandelt hat, die Antwort darauf will keiner geben. Nicht verwunderlich in unserer Welt ohne Zivilcourage.

Auge um Auge, Zahn um Zahn. So steht es in der Bibel und in der Satzung des Deutschen Optiker- und Zahnärzteverbandes geschrieben. Allein das aber soll uns nicht in Ehrfurcht erstarren lassen. Eine passable Deutung dieses historischen Satzes kam vom englischen Honorarlord John McInkasso, der herausgefunden hatte, dass im Laufe der häufigen Überarbeitungen und Neuauflagen der Bibel in der ursprünglichen Fassung „Adam im Auge und ran an den Zahn" stand. Diese frappierende Offenbarung der wilden Lüsternheit in den ersten Tagen des Paradieses, die eine unverhohlene Begehrlichkeit Evas offenkundig machte, wurde flugs von den kirchlichen Zensoren und Moralisten umgedeutet. Der gute McInkasso hat für diese seine These in der Inquisition sein Leben lassen müssen. Wäre er mal nur nicht nach Italien gereist.

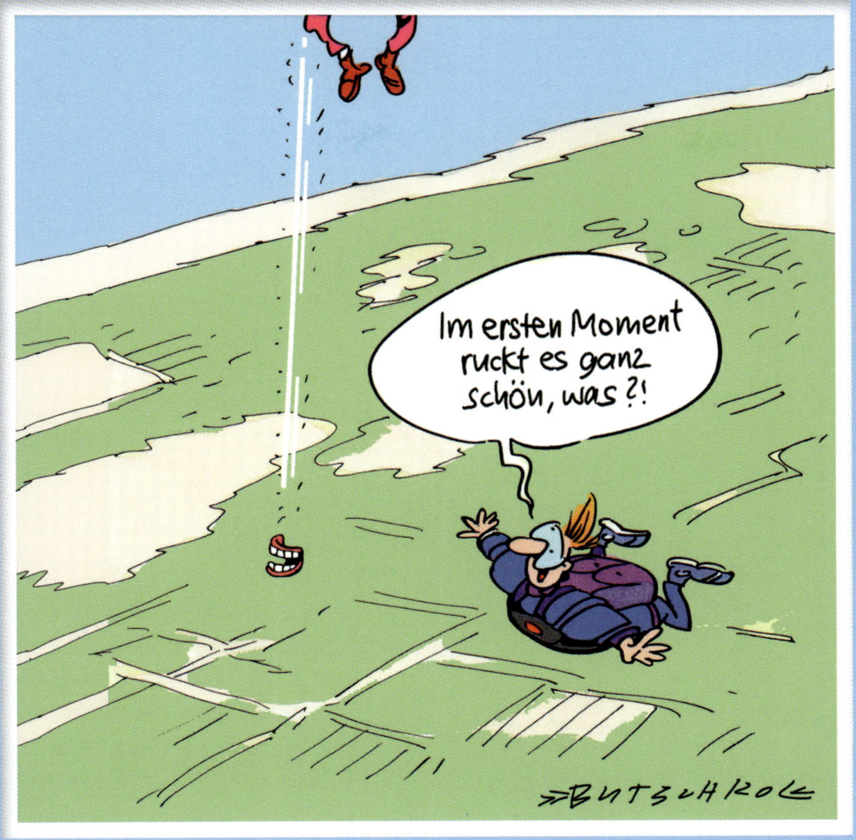
Im ersten Moment ruckt es ganz schön, was ?!
BUTSCHKOW

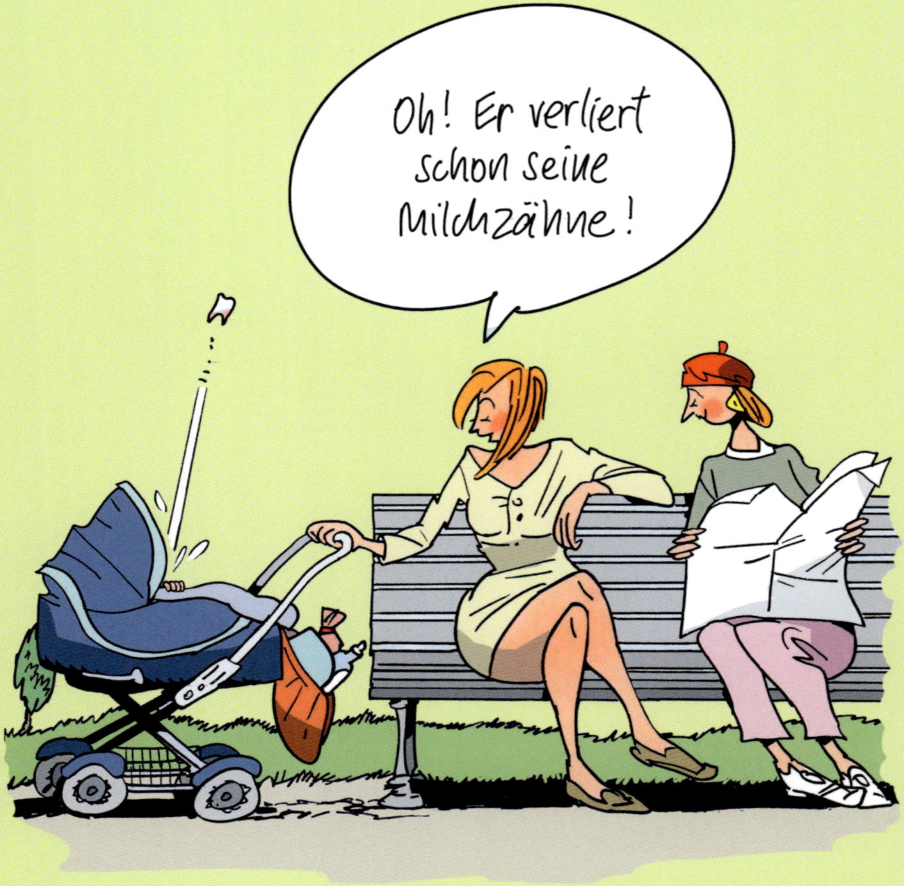
Oh! Er verliert schon seine Milchzähne!

ZAHNARZT IM URLAUB

HUMOR IM PRAXISALLTAG

Hempel kommt mit Zahnschmerzen ins Büro. „Haben Sie nachts auch schon mal Zahnschmerzen gehabt?", fragt er seinen Kollegen.
„Ich weiß nicht."
„Na, hören Sie mal, so was weiß man doch!"
„Nein, ich schlafe nicht im selben Zimmer wie meine Zähne!"

Zwei Frauen beim Zahnarzt. Sagt die eine: „Männer sind wie Zähne, es dauert lange, bis man sie bekommt. Später tun sie einem manchmal weh. Und wenn sie nicht mehr da sind, hinterlassen sie Lücken."

Es klingelt.
„Guten Tag, ich vertrete Zahnpasta."
„Um Himmels willen, aber bitte nicht auf meinem Teppich!"

Ein neureicher Russe beim Zahnarzt.
„Sie haben goldene Zähne und Diamantfüllungen. Alles ist in Ordnung! Was kann ich für Sie tun?"
„Heilen sollst Du nicht, richte mir eine Alarmanlage ein!!!"

Der Zahnarzt setzt die Zange an, zieht und rutscht ab.
„So", sagt er zu dem Patienten, „hat man früher Zähne gezogen!"
Er setzt wieder an, und diesmal bricht der Zahn ab.
„So", sagt er, „würde mein Kollege nebenan den Zahn ziehen!"
Er setzt ein drittes Mal an – und jetzt hat er den Zahn endlich draußen.
„So", ruft er voller Genugtuung, „so ziehe ich die Zähne!"

Bitte schalten Sie während des Landeanflugs Ihre elektrische Zahnbürste aus!

Zahnarzt-Stühle
Teil II

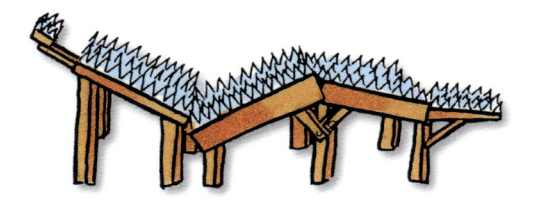

MODELL FAKIR
*Die Aussage: „Hat doch gar nicht wehgetan!"
bekommt eine ganz neue Bedeutung*

MODELL RENTNER
*Spielen Sie während der
Behandlung zusätzlich den
Radetzkymarsch*

MODELL HEIMWERKER
*Bauanleitung erhältlich beim
Gesundheitsministerium*

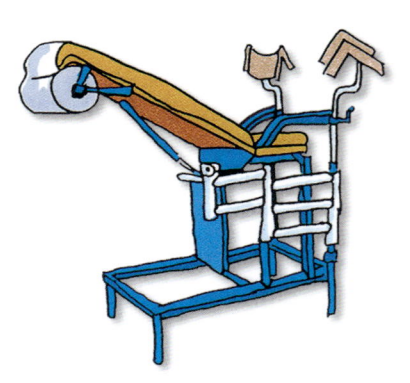

MODELL SECOND HAND
*Was des einen Leid,
ist des anderen Freud*

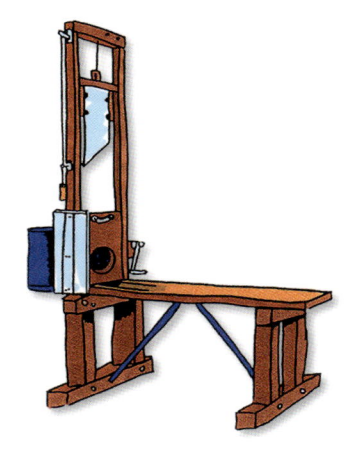

MODELL ANTIK
Früher hat man wirklich das Übel mit der Wurzel ausgetrieben

MODELL KARIBIK
Zahnarzthelferin im Bikini und zum Mundausspülen einen Longdrink. Danke!

MODELL ÖKO
Lobpreisen wir die Humanmedizin und das Gartencenter

MODELL SPARTA
Eignet sich auch hervorragend für Hausbesuche

FREUDIG ZUM ZAHNARZT
RUDI RÜBENNAGER BEI ONKEL DOKTOR

Wieder ein zauberhaftes Werk aus der Feder von Bettina Schissinderhose, die Fortsetzung ihrer erfolgreichen Reihe „Auch nur Menschen". In dieser Neuerscheinung geht der Protagonist Rudi zum ersten Mal zum Zahnarzt. Liebreizende Schilderungen von bösen Spritzen und maroden Zähnen. Man spürt hautnah das Kratzen vom Zahnsteinentferner und schmeckt das Blut in der Zahnfleischtasche. Wenn dann endlich der Bohrer den eitrigen Zahn geöffnet hat und die Trümmer der alten Amalgamfüllung aus dem Rachenraum spritzen, hält es kein Kinderauge in den Höhlen. Wie immer hat die Autorin dieses Werk selbst liebevoll illustriert.

Ab 5 Jahre. Unser Urteil: Ein Muss.

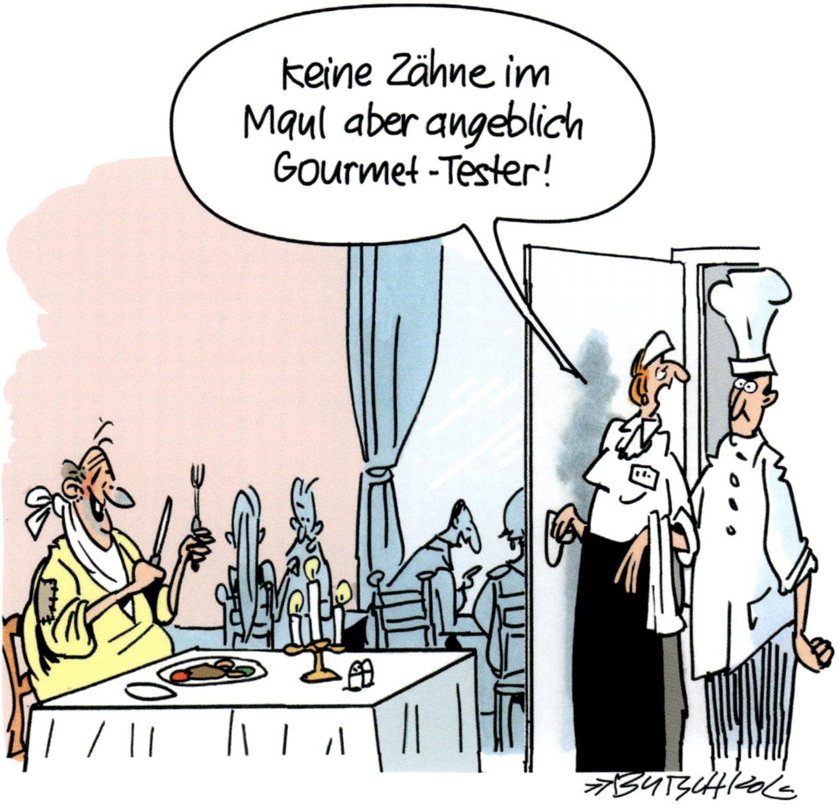
Keine Zähne im Maul aber angeblich Gourmet-Tester!

Deutsches Zahnsehen

09:00	**Prophylaxe-Kid** (Kindersendung)		20:00	**Leute-Journal** Patienten-Doku
09:45	**Der faule Zahn** Horror (USA 79)		21:00	**Upps! Die Pannenshow** Kunstfehler in der Medizin
11:00	**Oberkiefer Sutherland** Schauspielerporträt		21:30	**Fresseclub** Punkerforum
12:00	**Praxis der Liebe** Rosamunde Pilcher, TV-Melodram		22:00	**Kieferkracher** Comedy
13:30	**Wartezimmer zur Hölle** Komödie (D 2012)		22:30	**Der Patientenflüsterer** Doku-Soap
15:00	**Uta Dentala – Wer küsst den Doc?** Romantikkomödie		23:15	**Die Profiputzer** Clean-Movie
16:00	**Bitecom** Komiker im Zahnarztstuhl		23:45	**Die Geissels** Eine schrecklich kariöse Familie (D 2013)
16:45	**Caries, der Zerstörer** Fantasy-Action (USA 84)		00:25	**Kampf der Kassen** Science-Fiction (USA 75)
18:00	**Men in Teeth** Dramedyserie (USA 08)		02:00	**Tatort: Das Behandlungszimmer** Krimi-Reihe
18:30	**Wurzelbehandlung** Bio-Garten-Doku			
19:00	**Goodbye Frontzahn** Karatefilm			

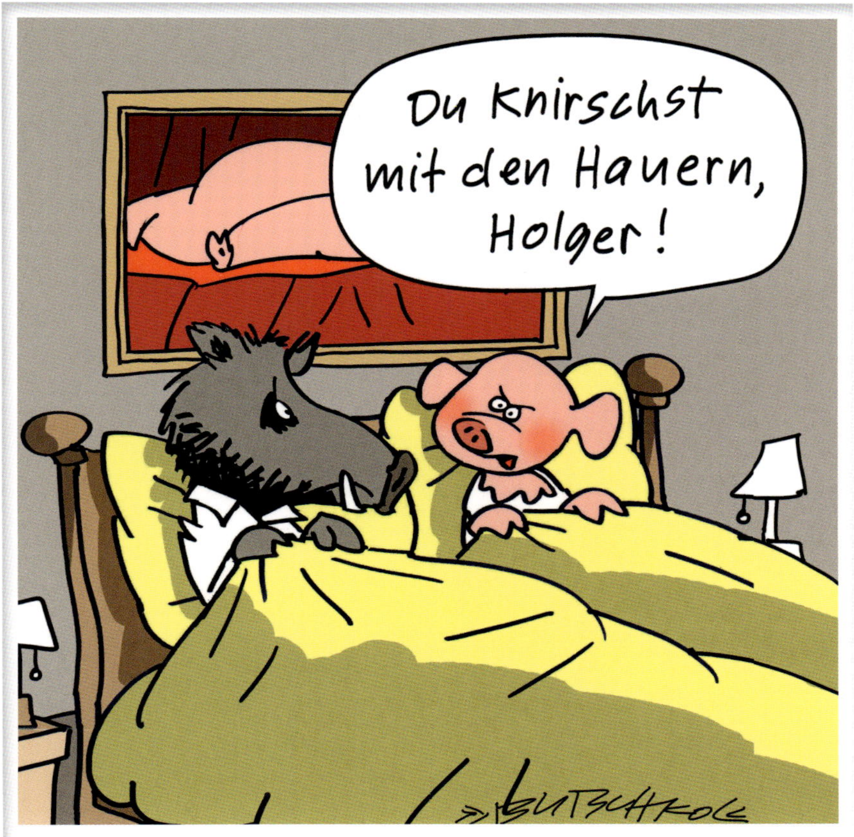
Du Knirschst mit den Hauern, Holger!
BUTSCHKOW

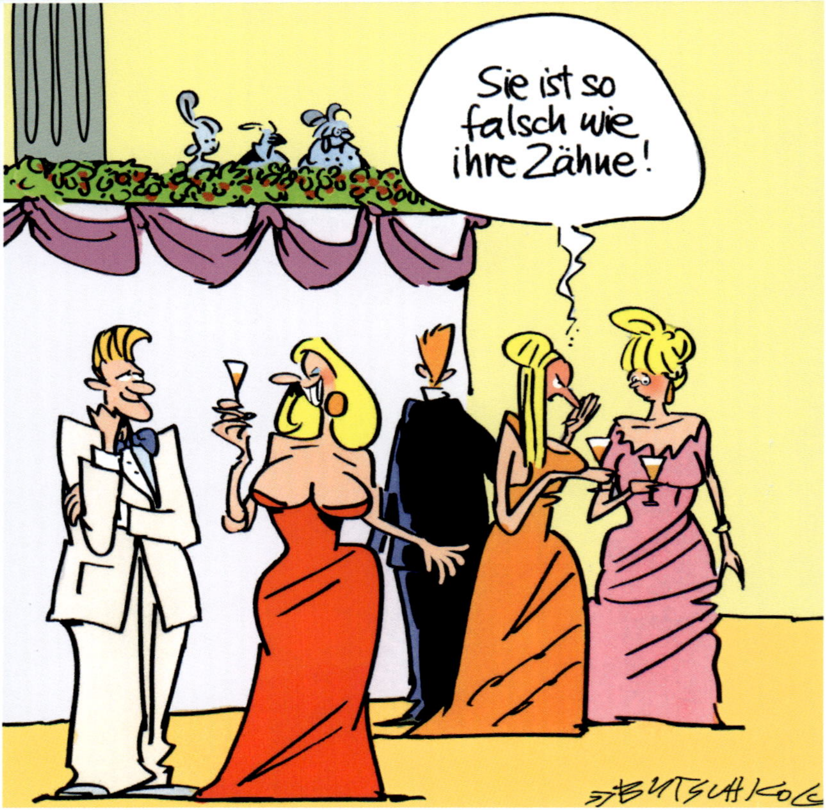
Sie ist so falsch wie ihre Zähne!
BUTSCHKOW

Die Patiententypen

DER SENSIBLE PATIENT

Er möchte nicht mit Latexhandschuhen berührt werden, wünscht ein kleines Kissen für den Nacken, nicht zu flach zu liegen, eine Wolldecke für seine Füße, die Fenster geschlossen, den Sauger nicht zu weit hinten, Vaseline für seine Lippen und dass die Helferin ihm die Hand hält.

DER EINFACHE PATIENT

Er will gleich untersucht werden, hat eine unmögliche Versorgung, ist aber total zufrieden, will von der Behandlung absolut nichts spüren und nur schnell wieder nach Hause.

DER BEWUSSTE PATIENT

Er möchte vor der Behandlung erst mal ausführlich reden, sich dann konzentrieren und der Behandlung öffnen. Hat schon etliche Zahnärzte durch und einen Modellkoffer und seine Röntgenakte dabei.

DER LABILE PATIENT

Seine Zähne sind ungepflegt und voller Beläge, er erkundigt sich jedoch sofort nach teuren Implantaten und Zahnbleichen.

DER MISSTRAUISCHE PATIENT
Egal, was ihm der Zahnarzt sagt oder vorschlägt, für ihn steht felsenfest: Der will nur Kohle scheffeln!

DER GESCHÄFTIGE PATIENT
Er steht voll unter Zeitdruck, eröffnet im Wartezimmer sein Büro, telefoniert trotz Handyverbot, am liebsten laut in Englisch, klingt unersetzlich wichtig und sagt z.B.: „Thyssen? Verkaufen!"

DER UNGEDULDIGE PATIENT
Er fragt sofort, ob es lange dauert, sucht sich einen Wartezimmerplatz mit Blick auf die Rezeption, damit er die Helferin mit den Augen zu seinen Gunsten hypnotisieren kann. Ist völlig verspannt und immer sprungbereit.

DER GEMÜTLICHE PATIENT
Er macht es sich im Wartezimmer bequem, setzt sich seine Brille auf und liest einen Roman. Manchmal hat er auch was zu arbeiten dabei. Wartet geduldig, bis er aufgerufen wird.

DER BIO-PATIENT
Er verwendet nur Meersalzzahnpasta, benutzt einen Zungenschaber und gurgelt jeden Morgen zehn Minuten mit Öl oder seinem Eigenurin. Hasst Röntgenstrahlen.

Einsamer Zahn sucht Füllung? Diese Zahnärzte verderben noch Elite-Partner!
BUBUHKOK

Hör mal! Ich hab 'ne Beitragsrückerstattung von meiner Krankenkasse, weil ich vierzig Jahre nicht beim Zahnarzt war!
Siehste! Musst nur Geduld haben!

GOLD ANKAUF

Altgold
Uhren
Silberbestecke
Brillantschmuck
Zahngold
(auch mit Zähnen)

SOFORT BARGELD!

Personalausweis nicht vergessen!

„Haf gnade meine Schäne verkauft!"

Peter Butschkow

Cartoonist und Textautor mit Berliner Wurzeln, lebt in Nordfriesland und teils in Passau. Der Spannungsbogen zwischen Nordfriesland und Niederbayern ist seinen Inspirationen offenbar förderlich.

© 2013 Lappan Verlag GmbH
Postfach 3407, 26024 Oldenburg
www.lappan.de
ISBN 978-3-8303-4297-7
Der Lappan Verlag ist ein Unternehmen der Verlagsgruppe Ueberreuter.

Viel Spaß mit den Enkelkindern!
ISBN 978-3-8303-4305-9

Viel Spaß mit Hunden!
ISBN 978-3-8303-4299-1

Viel Spaß beim Tennis!
ISBN 978-3-8303-4298-4

Lappan
Bücher, die Spaß bringen!

VIEL SPASS!

www.lappan.de

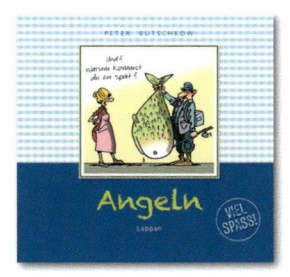

Angeln – Viel Spaß!
ISBN 978-3-8303-4275-5

In der neuen Wohnung – Viel Spaß!
ISBN 978-3-8303-4273-1

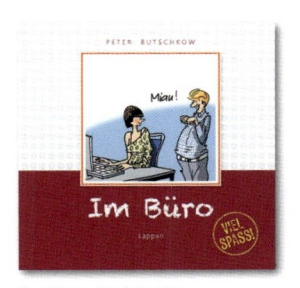

Im Büro – Viel Spaß!
ISBN 978-3-8303-4274-8

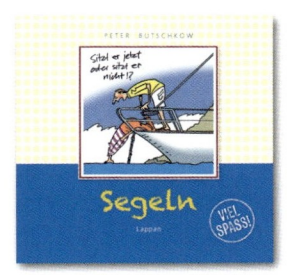

Segeln – Viel Spaß!
ISBN 978-3-8303-4276-2